AF341015

ORDONNANCE
DU ROI,

Portant Règlement pour la tenue du Bureau d'administration de l'École-royale-militaire.

Du 4 Janvier 1777.

DE PAR LE ROI.

SA MAJESTÉ jugeant à propos d'apporter à la composition du Bureau d'administration de son École-royale-militaire, des changemens que les circonstances & les vues qu'Elle a sur cet établissement rendent indispensables; Elle a ordonné & ordonne ce qui suit :

ARTICLE PREMIER.

Le Bureau d'administration de ladite École, & des établissemens qui en dépendent, aura pour Chef & Président, le Secrétaire d'État ayant le département de la guerre, Surintendant de ladite École; & sera déformais composé de l'Inspecteur général & du Sous-inspecteur de ladite École, du Supérieur général des Aumôniers militaires, & d'un Directeur général des affaires, tous résidens à l'hôtel de ladite École, avec voix délibérative audit Bureau.

2.

Ledit Bureau d'administration s'assemblera une fois par semaine, dans la salle du Conseil de l'École-royale-militaire, & plus souvent, s'il est nécessaire. Les délibérations seront inscrites par le Secrétaire-garde des archives, sur le registre à ce destiné, & paraphé par l'un des administrateurs. Ledit Secrétaire sera tenu d'envoyer chaque semaine, une expédition des délibérations au Secrétaire d'État ayant le département de la guerre, pour avoir son approbation, sans laquelle elles ne pourront avoir qu'une exécution provisoire, attendu l'urgence des cas.

3.

Le Secrétaire de l'administration, Garde des

archives, aura voix confultative feulement, dans les affemblées dudit Bureau, ainfi que le Tréforier, qui n'y affiftera toutefois que lorfqu'il y fera appelé, mais fera tenu de fe trouver à l'Hôtel, tous les jours d'affem-blée dudit Bureau.

4.

LE Tréforier continuera de percevoir les fommes provenantes des différens revenus de ladite École-militaire, & d'en donner quittance valable aux Régif-feurs, Fermiers, Payeurs & autres débiteurs ; & les deniers feront par lui employés, fuivant les états arrêtés par ledit Bureau d'adminiftration, ou fur des extraits de délibération dudit Bureau, lefdits états & extraits approuvés par le Secrétaire d'État ayant le département de la guerre, ou d'après des ordres particuliers dudit Secrétaire d'État ; lefquels ledit Tréforier fera tenu de repréfenter à la plus prochaine affemblée, pour être infcrits fur le regiftre.

5.

LE Tréforier remettra à la première affemblée de chaque mois, 1.º l'état de fa caiffe, préalablement vérifié par le Directeur général des affaires ; 2.º les bordereaux de la recette & de la dépenfe du mois précédent, & repréfentera les pièces juftificatives de cette dépenfe, examinées d'avance & vifées par ledit Directeur. Lefdits bordereaux feront infcrits par prin-

cipaux articles, & en fomme, fur le regiftre, avec la
note dudit état de la caiffe, & feront, lefdits bordereaux & notes, confervés par le Secrétaire de l'adminiftration, pour être repréfentés lors de l'examen
du compte général de recette & dépenfe de chaque
année, qui fera rendu par ledit Tréforier en l'affemblée
dudit Bureau, à laquelle préfidera le Secrétaire d'État
ayant le département de la guerre, conformément à
l'article VII de l'Édit du mois de Janvier 1751, &
autres réglemens fubfiftans, fur la charge & les fonc-
tions dudit Tréforier.

6.

LE Bureau d'adminiftration réglera, fous les ordres
du Secrétaire d'État ayant le département de la guerre,
tous les détails relatifs à la manutention économique &
journalière dudit Hôtel & dépendances, entretien des
bâtimens, réparations, conftructions, ameublemens,
gages & appointemens, baux à ferme, régies, achats
& ventes, droits immobiliers & mobiliers de la fondation, & généralement les divers objets de la geftion
des biens & revenus de l'École-royale-militaire : Et
ledit Bureau veillera foigneufement à faire acquitter
les fondations par les Eccléfiaftiques chargés de la
defferte de la Chapelle de l'hôtel de l'École-royale-
militaire, & notamment le fervice fondé pour le
repos de l'ame du feu Roi, fondateur de ladite École;

4 janvier 1777.

5

lequel service sera célébré tous les ans le 10 Mai, en la manière accoutumée.

7.

LEDIT Bureau fera exactement acquitter toutes les charges anciennes & ordinaires de la fondation de ladite École, & les pensions & traitemens qui ont été ci-devant accordés aux anciens Officiers & Employés, ensemble les pensions de deux cents livres accordées aux anciens Élèves de ladite École, par l'article XIX de l'Édit de Janvier 1751; celles des Élèves qui ont été ou seront distribués dans les Colléges, des Cadets-gentilshommes établis par l'Ordonnance du 25 Mars 1776, & de ceux qui seront dans le cas de continuer leurs études pour parvenir à d'autres états que la profession militaire; comme aussi les pensions & traitemens que Sa Majesté aura jugé à propos d'accorder aux différens Officiers & Employés, tant audit Hôtel qu'au Collége de la Flèche, & arrêtera régulièrement tous les états des charges & dépenses annuelles ou extraordinaires, pour être approuvés par le Secrétaire d'État ayant le département de la guerre, & en conséquence être acquittés par le Trésorier.

MANDE & ordonne Sa Majesté au sieur Comte de Saint-Germain, Ministre & Secrétaire d'État ayant le département de la guerre, de s'employer & tenir la main, en ladite qualité de Surintendant de ladite École-royale-militaire, à l'exécution de la présente.

FAIT à Versailles le quatre Janvier mil sept cent soixante-dix-sept.

Signé LOUIS. *Et plus bas,* SAINT-GERMAIN.

A PARIS,
DE L'IMPRIMERIE ROYALE.

M. DCCLXXVII.

www.ingramcontent.com/pod-product-compliance
Lightning Source LLC
LaVergne TN
LVHW021110050726
842519LV00005B/1923